Raven

Chief of the Southern Arapaho

D0958097

Little Raven

Chief of the Southern Arapaho

by Cat DeRose

Filter Press, LLC
Palmer Lake, Colorado

Little Raven:
Chief of the Southern Arapaho

by Cat DeRose

Published by Filter Press, LLC, in cooperation with
Denver Public Schools and Colorado Humanities

ISBN: 978-0-86541-114-2
LCCN: 2010937192

Produced with the support of Colorado Humanities and the
National Endowment for the Humanities. Any views, findings,
conclusions, or recommendations expressed in this publication
do not necessarily represent those of the National Endowment
for the Humanities or Colorado Humanities.

Cover photograph used courtesy of the Tom Noel Collection.

Printed in the United States of America

Great Lives in Colorado History Series

Contents

Arapaho chief Little Raven or Hósa, "Young Crow."

Little Raven

Watching for rabbits and prairie dogs, a young **Arapaho** Indian boy named Little Raven moved quietly through the short **prairie** grass. The blue Rocky Mountains rose in the west under a bright yellow summer sun. He spent his days shooting his small bow and arrow and learning to hunt.

He learned to ride horses when he was very young. As a small boy, he rode well enough to guard the herd of horses with other young boys. When he was older, he joined older boys in hunting parties and became a skilled warrior in fights against other tribes.

Little Raven was born in the early 1800s. He lived during a time of great change. His people and other Plains Indian tribes followed herds of **bison** from place to place. The Arapaho hunted the bison for meat, clothing, tools, cooking pots, fuel, and shelter. In 1824, Little Raven first saw white men near the Missouri River in the **Dakotas**. This same year, the U.S. government created the **Bureau of Indian Affairs** as part of the War Department. Placing the Bureau of Indian Affairs within the War Department was a sign of trouble. It meant that Little Raven's people and other tribes would probably have conflicts with white settlers as they moved west.

The coming of white settlers into the hunting grounds of the Arapaho was the beginning of the end for their **traditional** way of life. The traditional way of life for Arapaho families included riding horses, living in **tepees**, and following bison herds. Arapaho men were warriors and hunters. Little Raven was a brave warrior and hunter. He became a peaceful and wise leader of the Arapaho. He was known for his speaking skills and formal way of dressing.

Little Raven liked to dress in Western and Native American clothing. Notice his moccasins and tuxedo coat.

As early as 1840, some Arapaho leaders helped **mediate** peace among their own people and the Cheyenne, Kiowa, Comanche, and Plains Apache tribes. As mountain men, settlers, and gold seekers began moving into the American Indians' traditional homelands, Little Raven, who had become one chief of the Arapaho, continued to speak for his people. He wanted peaceful and fair solutions to arguments between native people and newcomers.

In 1851, several Arapaho chiefs signed the **Treaty** of Fort Laramie. This agreement between the Cheyenne and Arapaho tribes and the U. S. government recognized that a large area of land rightfully belonged to Native Americans. Today, this area would stretch from the modern cities of Casper, Wyoming, to Pueblo, Colorado, and into western Kansas and Nebraska. Over time, many settlers came to Colorado to live on the land that had been given to the Indians. When gold was discovered in Colorado in 1858, settlers asked the U. S. government to change the treaty agreement to allow them to move onto Indian lands. In that same year, pioneer William H. Larimer started the city of Denver on Cherry Creek. He named it Denver City after the Kansas territorial governor, James Denver. This area was one of the traditional Arapaho camping grounds.

A new treaty, called the Treaty of Fort Wise of 1861, stated that the Arapaho and Cheyenne must move out of their camps in the river valleys near the Front Range of the Rockies. They would have to move to land along the Big Sandy Creek in present-day southern Colorado. Though Little Raven signed the Treaty of Fort Wise, he was disappointed when the United States government wanted even more of the Arapaho and Cheyenne lands.

In 1864, his frustration turned to anger when U.S. Army troops, led by John Milton

Chivington, killed peaceful Cheyenne and Arapaho men, women, and children at Sand Creek. Because Little Raven and his warriors had camped away from the place where the army attacked, Little Raven and his followers survived the **massacre**. Heartsick, Little Raven said:

> There is something very strong for us—that fool band of soldiers that cleared out our lodges and killed our women and children. This is strong [hard] on us. There, at Sand Creek is one chief, Left Hand; White Antelope, and many other chiefs lie there; our women and children lie there. Our lodges were destroyed there, and our horses were taken from us there.[1]

As a result of the massacre, some Arapaho joined the Dog Soldiers. The Dog Soldiers were a fighting band of Cheyenne and Lakota warriors who attacked white settlements in Kansas and Colorado.

In 1865, at the end of the American Civil War, many settlers moved to the plains to look for gold, to farm, and to hunt. Many new people who settled on the plains did not like the Arapahos and wanted them to leave. Little Raven knew his people would have to leave Colorado. Colorado **Territory** was not safe for the Arapaho.

The Treaty of the Little Arkansas between the Cheyenne and Arapaho and the U.S. government was signed in October 1865. With this treaty, Indian leaders hoped the U.S. government would keep its promises and give their tribes land on the open plains that they loved. This treaty too was broken. The Indians were forced to give up all claims to land in Colorado. The Arapaho did not learn that they would be asked to live on a **reservation** on the border between Kansas and Oklahoma until they signed the Medicine Lodge Treaty in 1867.

In 1868, at the Battle of Washita, in present-day Oklahoma, many Indians were killed and their pony herds and winter supplies destroyed. After this battle, Little Raven led his people to Fort Sill, Oklahoma, to settle on a new Arapaho and Cheyenne reservation. It was hard for Little Raven to leave his Colorado home. In 1878, the Northern Arapaho joined the Shoshone on what is now the Wind River Reservation in Wyoming.

An Arapaho camp at Fort Sill, Oklahoma, where Little Raven took his people for protection after the Battle of Washita in 1868.

Little Raven, on the left, is holding his daughter at Fort Dodge, Kansas, in 1869. The man wearing a hat is William Bent, Indian agent and the builder of Bent's Fort.

For his efforts at keeping peace, President Grant awarded Little Raven a peace medal. In 1871, Little Raven traveled east to Washington, DC, Boston, and New York City. In a speech at the Cooper Institute in New York City, Little Raven expressed his hope that President Grant would "right the wrongs suffered by myself and my people." He gave the audience a brief lesson in history:

> Long ago, the Arapahos had a fine country of their own. The white man

came to see them, and the Indians gave him buffalo meat and a horse to ride on and told him the country was big enough for the white man and the Arapahos too. After a while, the white men found gold in our country. They took the gold and pushed the Indian from his home. I thought Washington would make it right. I am an old man now. I have been waiting many years for Washington to give us our rights. The government sent agents and soldiers out there to us and both have driven us from our lands. We do not want to fight. The white man has taken away everything...I think the Great Spirit is looking at all that is said here, and for that reason, I am talking the truth. I want my people to live like the white people and have the same chance. We want to travel in the same road as the white man.[2]

Little Raven spent the last years of his life helping his people learn new ways to live. The Arapaho had never lived in houses before. They had always lived in tepees.

Little Raven helped his people learn to care for cows and survive in their new homes. In the winter of 1889, Little Raven died at his home in Cantonment, Oklahoma.

Little Raven's Legacy

Chief Little Raven was a warrior, **orator**, and **diplomat**. His faith in the federal government's plans and treaties was proved wrong again and again, and his attempts to protect his people's way of life failed. Even though he had many disappointments, Chief Little Raven tried to lead his people to live in harmony with white settlers. In his lifetime, he saw the end of a way of life for thousands of Arapaho who once camped near the place where the Cherry Creek and the South Platte River meet. In 1994, a street in downtown Denver between 15th and 20th Streets was named after Little Raven in honor of the great wise chief who led his people so bravely.

Marie Barbera made this sculpture of Chief Little Raven in 2000. It is located at the Western Promenade in Westminster, Colorado. The city of Westminster honors Chief Little Raven as a warrior, diplomat, orator, and leader of his people, and for trying to achieve peace with the new settlers.

Questions to Think About

- Why did Little Raven and the Arapaho tribe lose their land in Colorado?

- How could the Arapaho and the white settlers have learned to live in peace?

- Why did Little Raven leave Colorado to live in Oklahoma?

Questions for Young Chautauquans

- Why am I (or should I be) remembered in history?

- What hardships did I face and how did I overcome them?

- What is my historical context (what else was going on in my time)?

Glossary

Arapaho: tribe of North American Indians who once lived in the Colorado plains and now live in Oklahoma and Wyoming. Sometimes spelled *Arapahoe*.

Bison: also called American bison or American buffalo. These North American, cattle-like mammals have large heads and high shoulders.

Bureau of Indian Affairs: created in 1824, this part of the U.S. government planned treaties with Native Americans and told tribes and their members what they could and could not do. Today, the Bureau helps Indian nations improve their quality of life in many ways including providing educational opportunities, job training, supplying electricity to rural areas, and helping tribal governments.

Dakotas: vast area located in north central United States that includes present-day North and South Dakota. Named for the American Indian people who lived in the northern Mississippi River valley.

Diplomat: person who has the job of representing his or her people in managing conflicts and settling disagreements.

Massacre: vicious killing of a large number of human beings or animals.

Mediate: to work on an agreement or truce between parties.

Orator: person who delivers speeches or is a public speaker.

Prairie: large area of flat grassland, especially the large plain of central North America.

Reservation: area of land that the U.S. government set aside for Native Americans. Native Americans were forced to live on reservations, instead of living on their tribal lands.

Tepees: tall, portable houses made from buffalo skins.

Territory: part of the United States that is not a state but is under the control of the federal government. Kansas and other states west of the Mississippi were territories before they became states.

Traditional: describes behaviors and beliefs passed from one generation to the next.

Treaty: agreement between two or more parties.

Timeline

1810–1819
Little Raven born in Colorado
or Nebraska (exact date and
location unknown).

1824
Little Raven first saw white men
in the Dakotas.
Bureau of Indian Affairs
created.

1843
The Oregon Trail became
well traveled by settlers.

1844
Arapaho camped along Cherry
Creek and South Platte River.

1848
Colorado became
U.S. Territory.

1851
Arapaho agreed to
Fort Laramie Treaty.

1858
Denver City, along Cherry
Creek, was named after
Governor James Denver of
Kansas Territory.

1860
Lincoln elected president.

1861
Civil War began.
Little Raven signed
Treaty of Fort Wise.

1863
First telegraph line
reached Denver.

Timeline

1864
Sand Creek Massacre along Big Sandy Creek.

1865
Some Arapaho joined Cheyenne Dog Soldiers to attack white settlements in Kansas and Colorado. Little Raven signed Treaty of Little Arkansas. Civil War ended; Lincoln shot and killed.

1867
Little Raven signed Medicine Lodge Treaty.

1868
After Battle of Washita, Little Raven led Arapaho to Fort Sill, Oklahoma, for protection.

1870
Rail lines of Denver Pacific, Colorado Central, and Kansas Pacific connected in Denver, making it the center of western frontier.

1871
Little Raven toured Washington, DC, and spoke in front of large audiences.

1876
Colorado became a state, and the telephone was invented.

1889
Little Raven died in Cantonment, Oklahoma. Arapaho were forbidden to speak their language and perform ceremonies and dances, and feasts were banned.

Endnotes

[1] Vanderwerth, W.C. *Indian Oratory: Famous Speeches by Noted Indian Chieftains.* Norman: University of Oklahoma Press, 1971, p. 142.

[2] U.S. Department of Interior, Bureau of Indian Affairs. *Annual Report of the Commissioner of Indian Affairs, 1871.* Washington, DC: Government Printing Office, 1871, pp. 32–33.

Teacher Bibliography

Access Genealogy. *Arapaho Indian Chiefs and Leaders. "Little Raven."* http://www.accessgenealogy.com/native/tribes/Arapaho/Arapahochiefs.htm

Fowler, Loretta. *The Arapaho.* (Indians of North America series). New York: Chelsea House Publishers, 1989.

Junaluska, Arthur. "Little Raven Speech." *Great American Indian Speeches.* Caedmon, NY: Harper Audio, 1976.

Trenholm, Virginia Cole. *The Arapahoes, Our People.* Norman: University of Oklahoma Press, 1970.

Vanderwerth, W. C. *Indian Oratory: Famous Speeches by Noted Indian Chieftains.* Norman: University of Oklahoma Press, 1971.

Walker, Donald L. *Chief Little Raven of the Southern Arapahos.* Denver: University of Colorado Denver, 2000.

Student Bibliography

Arlington Heights School District. "The Plains." *Learn About Native Americans*. http://www.ahsd25.k12.il.us/Curriculum%20Info/NativeAmericans/plains.html

Bial, Raymond. *The Arapaho*. New York: Benchmark Books, 2004.

Colorado Historical Society. *Colorado Indians*. http://hewit.unco.edu/dohist/indians/themes.htm

Denvergov.org. "Little Raven." *Denver Characters*. http://www.denvergov.org/AboutDenver/history_char_raven.asp

Gibson, Karen B. *The Arapaho: Hunters of the Great Plains*. Mankato, MN: Bridgestone Books, 2003.

May, Jon D. "Little Raven." *Encyclopedia of Oklahoma History and Culture*. Oklahoma Historical Society. http://digital.library.okstate.edu/encyclopedia/entries/L/LI015.html

Index

About This Series

In 2008, Colorado Humanities and Denver Public Schools' Social Studies Department began a partnership to bring Colorado Humanities' Young Chautauqua program to DPS and to create a series of biographies of Colorado historical figures written by teachers for young readers. The project was called "Writing Biographies for Young People." Filter Press joined the effort to publish the biographies in 2010.

Teachers attended workshops, learned from Colorado Humanities Chautauqua speakers and authors, and toured three major libraries in Denver: The Hart Library at History Colorado, the Western History/Genealogy Department in the Denver Public Library, and the Blair-Caldwell African American Research Library. Their goal was to write biographies using the same skills we ask of students: identify and locate high-quality sources for research, document those sources, and choose appropriate information from the resources.

What you hold in your hands now is the culmination of these teachers' efforts. With this set of age-appropriate biographies, students will be able to read and research on their own, learning valuable skills of research and writing at a young age. As they read each biography, students gain knowledge and appreciation of the struggles and hardships overcome by people from our past, the time period in which they lived, and why they should be remembered in history.

Knowledge is power. We hope this set of biographies will help Colorado students know the excitement of learning history through biography.

Information about the series can be obtained from any of the three partners:

Filter Press at www.FilterPressBooks.com

Colorado Humanities at www.ColoradoHumanities.org

Denver Public Schools at http://curriculum.dpsk12.org

Acknowledgments

Colorado Humanities and Denver Public Schools acknowledge the many contributors to the Great Lives in Colorado History series. Among them are the following:

The teachers who accepted the challenge of writing the biographies

Margaret Coval, Executive Director, Colorado Humanities

Josephine Jones, Director of Programs, Colorado Humanities

Betty Jo Brenner, Program Coordinator, Colorado Humanities

Michelle Delgado, K–5 Social Studies Coordinator, Denver Public Schools

Elma Ruiz, K–5 Social Studies Coordinator, Denver Public Schools, 2005–2009

Joel' Bradley, Project Coordinator, Denver Public Schools

Translation and Interpretation Services Team, Multicultural Outreach Office, Denver Public Schools

Nelson Molina, ELA Professional Development Trainer/Coach and School Liaison, Denver Public Schools

John Stansfield, storyteller, writer, and Teacher Institute lead scholar

Tom Meier, author and Arapaho historian

Celinda Reynolds Kaelin, author and Ute culture expert

National Park Service, Bent's Old Fort National Historic Site

Daniel Blegen, author and Bent's Fort expert

Blair-Caldwell African American Research Library

Coi Drummond-Gehrig, Denver Public Library, Western History/Genealogy Department

Jennifer Vega, Stephen H. Hart Library, History Colorado

Dr. Bruce Paton, author and Zebulon Pike expert

Dr. Tom Noel, author and Colorado historian

Susan Marie Frontczak, Chautauqua speaker and Young Chautauqua coach

Mary Jane Bradbury, Chautauqua speaker and Young Chautauqua coach

Dr. James Walsh, Chautauqua speaker and Young Chautauqua coach

Richard Marold, Chautauqua speaker and Young Chautauqua coach

Doris McCraw, author and Helen Hunt Jackson subject expert

Kathy Naples, Chautauqua speaker and Doc Susie subject expert

Tim Brenner, editor

Debra Faulkner, historian and archivist, Brown Palace Hotel

Kathleen Esmiol, author and Teacher Institute speaker

Vivian Sheldon Epstein, author and Teacher Institute speaker

Beth Kooima, graphic designer, Kooima Keations

Acknowledgments

Little Raven

Jefe de los Arapahoe del Sur

Little Raven

Raven

Jefe de los Arapahoe del Sur

por Cat DeRose

Filter Press, LLC
Palmer Lake, Colorado

Little Raven:
Jefe de los Arapahoe del Sur

por Cat DeRose

Publicado por Filter Press, LLC, conjuntamente con las
Escuelas Públicas de Denver y Colorado Humanities

ISBN: 978-0-86541-114-2
LCCN: 2010937192

Producido con el apoyo de Colorado Humanities y la Fundación
Nacional para las Humanidades. Las opiniones, resultados,
conclusiones o recomendaciones expresadas en esta publicación,
no representan necesariamente las de la Fundación Nacional para
las Humanidades ni las de Colorado Humanities.

La fotografía de la portada es cortesía de Tom Noel Collection.

Impreso en los Estados Unidos de América

Grandes vidas de la historia de Colorado

Contenidos

Jefe Arapaho Little Raven o Hósa, "Joven cuervo."

Little Raven

Buscando conejos y perritos de la pradera, un joven indio **Arapahoe** llamado Little Raven, avanzaba sin hacer ruido a través de la hierba corta de la **pradera**. Las Montañas Rocosas azules se elevaban en el oeste bajo un amarillo sol brillante de verano. Pasaba sus días disparando las flechas de su pequeño arco y aprendiendo a cazar.

Aprendió a montar a caballo cuando era todavía muy chico. Cuando era un niño pequeño, montaba suficientemente bien como para controlar la manada de caballos junto con otros muchachos pequeños. Cuando fue mayor, se unió a otros muchachos mayores en grupos de caza y se convirtió en un guerrero hábil en las batallas en contra de otras tribus.

Little Raven nació al principio de la década de los años 1800. Vivió durante un tiempo

de gran cambio. Su pueblo y otras tribus de indios de las llanuras seguían a las manadas de **bisontes** de un lugar a otro. Los indios Arapahoes cazaban búfalos para obtener su carne, para hacerse ropa, herramientas, ollas para cocinar, combustible y albergues. En 1824, Little Raven vio hombres blancos por primera vez en el Río Missouri, en las **Dakotas**. El mismo año, el gobierno de los Estados Unidos creó la **Oficina de Asuntos Indígenas** como parte del Departamento de la Guerra. Poner la Oficina de Asuntos Indígenas dentro del Departamento de la Guerra era una señal de problemas. Quería decir que el pueblo de Little Raven y otras tribus probablemente tendrían conflictos con los colonos blancos cuando éstos se trasladaran al oeste.

La llegada de los colonos blancos a los terrenos de caza de los Arapahoes fue el principio del fin de su forma **tradicional** de vida. La forma tradicional de la vida de las familias Arapahoes incluía montar a caballo, vivir en **tipis** y seguir

A Little Raven le gustaba vestirse con ropa del oeste y de americanos nativos. Fíjate en sus mocasines y el traje.

a las manadas de búfalos. Los Arapahoes eran guerreros y cazadores. Little Raven era un valiente guerrero y cazador. Llegó a ser un líder pacífico y sabio de los Arapahoes. Se le conocía por sus habilidades para hablar y su manera formal de vestirse.

Ya en 1840, algunos líderes de los Arapahoes ayudaban como **mediadores** para hacer la paz entre su pueblo y los Cheyenne, kiowa, comanche y las tribus apaches de las llanuras. Cuando los hombres de la montaña, colonos y buscadores de oro, empezaron a meterse en las tierras nativos tradicionales de los indios americanos, Little Raven, que se había convertido en un jefe de los Arapahoes, continuó hablando por su gente. Quería soluciones pacíficas y justas a los argumentos entre las gentes nativas y los recién llegados.

En 1851, varios jefes Arapahoes firmaron el **Tratado** de Fort Laramie. Este convenio entre las tribus Cheyennes y Arapahoes y el gobierno

de los Estados Unidos reconocía que un área grande de tierras pertenecía con todo derecho a los americanos nativos. Hoy en día, esta área se extendería desde las ciudades modernas de Casper, Wyoming, hasta Pueblo, Colorado, y tierra adentro en el oeste de Kansas y Nebraska. Con el tiempo, muchos colonos vinieron a Colorado para vivir en las tierras que se les había otorgado a los indios. Cuando se descubrió oro en Colorado en 1858, los colonos le pidieron al gobierno de los Estados Unidos que cambiara el convenio del tratado para permitirles meterse en las tierras de los indios. En ese mismo año, el pionero William H. Larimer fundó la ciudad de Denver en Cherry Creek. Le puso por nombre Denver City en honor del gobernador del territorio de Kansas, James Denver. Esta área era uno de los terrenos tradicionales para acampar de los Arapahoes.

Un nuevo tratado, llamado Tratado de Fort Wise de 1861, establecía que los Arapahoes y los Cheyennes debían salir de sus campamentos

de los valles del río que estaban cerca de la Cordillera Frontal de las Rocosas. Tendrían que cambiarse a la tierra que está a lo largo del Big Sandy Creek, en lo que es ahora el sur de Colorado. A pesar de que Little Raven firmó el Tratado de Fort Wise, se desilusionó cuando el gobierno estadounidense quiso más de la tierra que les pertenecía a los arapahos y los cheyennes.

En 1864, su frustración se convirtió en enojo cuando las tropas del ejército, encabezadas por John Milton Chivington, mataron a los hombres, mujeres y niños pacíficos Cheyennes y Arapahoes en Sand Creek. Debido a que Little Raven y sus guerreros habían acampado lejos del lugar donde atacó el ejército, Little Raven y sus seguidores sobrevivieron a la **masacre**. Desconsolado, Little Raven dijo:

Ha sucedió una desgracia entre nosotros—esa desdichada banda de soldados que arrasó con nuestras viviendas y asesinó a nuestras mujeres

e hijos. Esto es algo muy grave para nosotros. Ahí, en Sand Creek, está un jefe, Left Hand (Mano Izquierda), White Antelope (Antílope Blanco) y ahí permanecen muertos muchos otros jefes, así como nuestras mujeres y nuestros hijos. Ahí destruyeron nuestras casas y nos quitaron nuestros caballos.[1]

Como resultado de la masacre, algunos indios Arapahoes se unieron a los "Dog Soldiers". Los "Dog Soldiers" eran una banda de combate de guerreros Cheyennes y lakota que atacaban las colonias de blancos en Kansas y Colorado.

En 1865, al final de la Guerra Civil de los Estados Unidos, muchos colonos se trasladaron a las llanuras para buscar oro, para cultivar la tierra y cazar. Mucha gente que se estableció en las llanuras no quería a los Arapahoes y quería que se fueran. Little Raven sabía que su gente tendría que salirse de Colorado. El **Territorio** de Colorado no era un lugar seguro para los Arapahoes.

El Tratado del Little Arkansas entre los Cheyennes y los Arapahoes con el gobierno de los Estados Unidos se firmó en octubre de 1865. Los líderes indios esperaban que con este tratado el gobierno de los Estados Unidos cumpliera sus promesas y les diera a sus tribus las tierras en las llanuras abiertas que ellos querían tanto. Tampoco cumplieron con este tratado. Se forzó a los indios a renunciar a todos sus reclamos de tierras en Colorado. Los Arapahoes no se enteraron de que se les pediría que vivieran en una **reservación indígena** ubicada en la frontera entre Kansas

Un campamento Arapahoe en Fort Sill, Oklahoma, a donde llevó Little Raven a su gente para su protección después de la Batalla de Washita en 1868.

Little Raven, a la izquierda, lleva cargada a su hija en Fort Dodge, Kansas, en 1869. El hombre que lleva un sombrero es William Bent, agente indio y constructor del Fuerte de Bent.

y Oklahoma, hasta que firmaron el Tratado de Medicine Lodge en 1867.

En 1868, en la Batalla de Washita, en lo que es ahora Oklahoma, mataron a muchos indios y destruyeron sus manadas de ponis y sus suministros para el invierno. Después de esta batalla, Little Raven llevó a su gente a Fort Sill, Oklahoma, para establecerse en una nueva reservación indígena para indios Arapahoes y Cheyennes. Fue muy difícil para Little Raven dejar su casa en Colorado. En 1878, los Arapahoes del

norte se unieron a los shoshone en lo que es ahora la Reservación Indígena Wind River en Wyoming.

Por sus esfuerzos por mantener la paz, el Presidente Grant le otorgó la medalla de la paz a Little Raven. En 1871, Little Raven viajó al este, a Washington, DC, a Boston y a la Ciudad de Nueva York. En un discurso pronunciado en el Cooper Institute de Nueva York, Little Raven expresó su esperanza de que el Presidente Grant "corrigiera las injusticias sufridas por mí y por mi gente". Le dio a su auditorio una breve lección de historia:

> Hace mucho tiempo los Arapahoes tuvieron un excelente país que era de ellos. Los hombres de raza blanca vinieron para verlos y los indios les dieron carne de búfalo y un caballo para que montaran y les dijeron que el país era suficientemente grande para los hombres blancos y también para los Arapahoes. Después de un tiempo, los hombres blancos encontraron oro en nuestro país. Tomaron el oro y

echaron fuera de su casa a los indios. Yo
pensé que Washington corregiría esto.
Soy ahora un hombre viejo. He estado
esperando durante muchos años para que
Washington nos dé nuestros derechos.
El gobierno nos mandó allá a agentes y
soldados y tanto unos como otros nos han
echado de nuestras tierras. No queremos
pelear. El hombre blanco se ha llevado
todo... Yo creo que el Gran Espíritu está
viendo todo lo que se dijo aquí, y por esa
razón estoy diciendo la verdad. Quiero
que mi gente viva como la gente de raza
blanca y tenga las mismas oportunidades.
Queremos caminar por el mismo camino
por el que camina el hombre blanco.[2]

Little Raven pasó los últimos años de su vida
ayudando a su gente a aprender nuevas formas de
vida. Los Arapahoes nunca antes habían vivido en
casas. Siempre habían vivido en tipis.

Little Raven ayudó a su pueblo a que aprendiera a

cuidar vacas y a sobrevivir en sus nuevas casas. En el invierno de 1889, Little Raven murió en su casa en Cantonment, Oklahoma.

Legada de Little Raven

El Jefe Little Raven fue guerrero, **orador** y **diplomático**. Su fe en los planes y tratados del gobierno federal se vio traicionada una y otra vez, y sus intentos por proteger la forma de vida de su gente fallaron. A pesar de que tuvo muchas desilusiones, el Jefe Little Raven trató de guiar a su pueblo para que viviera en armonía con los colonos blancos. Durante su vida, vio el final de la forma de vida de miles de indios Arapahoes que acampaban en donde se unen Cherry Creek y el South Platte River. En 1994, se le puso el nombre de Little Raven a una calle del centro de Denver, entre las calles 15a y 20a, en honor al gran jefe sabio que guió a su pueblo con tanta valentía.

Marie Barbera hizo la esculptura del Chief Little Raven en el 2000.
La esculptura esta ubicada al Oeste de Promenade en Westminster,
Colorado. La ciudad de Wesminster le da honor al Chief Little Raven
como un guerrero, diplomático, orador y líder de su gente al tratar de
obtener la paz con los nuevos colonos.

Preguntas en qué pensar

- ¿Por qué perdieron su tierra en Colorado Little Raven y los arapahos?

- ¿Cómo pudieron haber aprendido a vivir en paz los arapaho y los colonizadores blancos?

- ¿Por qué se fue Little Raven de Colorado para vivir en Oklahoma?

Preguntas para los Jóvenes Chautauquans

- ¿Por qué se me recuerda (o debo ser recordado) a través de la historia?

- ¿A qué adversidades me enfrenté y cómo las superé?

- ¿Cuál es mi contexto histórico? (¿Qué más sucedía en la época en que yo vivía?)

Glosario

Arapahoe: tribu de indios norteamericanos que vivían en las llanuras de Colorado y que ahora viven en Oklahoma y Wyoming. Algunas veces se escribe *Arapaho*.

Bisonte: también se le llama bisonte americano o búfalo americano. Estos mamíferos norteamericanos, parecidos al ganado, tienen una cabeza grande y hombros altos.

Dakotas: área extensa ubicada en la parte central del norte de los Estados Unidos, que incluye lo que es ahora Dakota del Norte y Dakota del Sur. Se le bautizó con ese nombre en honor de los pueblos de indios americanos que vivieron en el norte del valle del Río Mississippi.

Diplomático: persona que puede manejar bien situaciones y personas.

Masacre: matanza cruel de un número grande de seres humanos o de animales.

Mediadores: personas que trabajan en un convenio o tregua entra las partes.

Oficina de Asuntos Indígenas: creada en 1824, esta parte del gobierno de los Estados Unidos diseñaba los tratados con los americanos nativos y les decía a las tribus y sus miembros lo que podían o no podían hacer. En la actualidad, la Oficina de Asuntos Indígenas ayuda a estos grupos a mejorar sus condiciones de vida de muchas maneras, tales como proveyendo acceso a la educación, capacitación para el trabajo, electricidad para las zonas rurales y ayudando a los gobiernos de las tribus.

Orador: persona que pronuncia discursos o es un conferenciante público.

Pradera: área grande de llanuras de pastizales, especialmente las grandes llanuras del centro de Norteamérica.

Reservación indígena: área de tierras que el gobierno de los Estados Unidos dedicó a los americanos nativos. Los americanos nativos fueron obligados a vivir en las reservaciones, en vez de vivir en las tierras de sus tribus.

Tipis: casas portátiles altas, hechas de piel de búfalo.

Territorio: parte de los Estados Unidos que no es un Estado, sino que está bajo el control del gobierno federal. Kansas y otros estados al oeste del Mississippi eran territorios antes de convertirse en estados.

Tradicional: describe las conductas y creencias que pasan de una generación a la siguiente.

Tratado: convenio entre dos o más partes involucradas.

Linea Cronológica

1810–1819
Little Raven nació en Colorado o Nebraska (la fecha y el lugar exacto se desconocen).

1824
Little Raven vió hombres blancos por primera vez en las Dakotas. Se creó la Oficina de Asuntos Indígenas.

1843
La Ruta de Oregon se volvió un buen camino para los colonos.

1844
Los indios Arapahoes acamparon a lo largo de Cherry Creek y el South Platte River.

1848
Colorado se convirtió en territorio de los Estados Unidos.

1851
Los Arapahoes aceptaron el Tratado de Fort Laramie.

1858
El Ciudad de Denver, en el area de Cherry Creek, obtuvo su nombre en honor a James Denver, Gobernador del Territorio de Kansas.

1860
Lincoln fue electo como presidente.

1861
Comenzó la Guerra Civil. Little Raven firmó el Tratado de Fort Wise.

1863
La primera línea telegráfica llegó a Denver.

Linea Cronológica

1864
Masacre de Sand Creek a lo largo del Big Sandy Creek.

1865
Algunos indios Arapahoes se unieron a los Cheyenne Dog Soldiers para atacar colonias de blancos en Kansas y Colorado. Little Raven firmó el Tratado de Little Arkansas. Terminó la Guerra Civil; le dispararon a Lincoln y lo mataron.

1867
Little Raven firmó el Tratado de Medicine Lodge.

1868
Después de la Batalla de Washita, Little Raven llevó a los Arapahoes a Fort Sill, Oklahoma, para protegerlos.

1870
Las vías ferroviarias de la Denver Pacific, Colorado Central y Kansas Pacific se conectaron en Denver, haciéndola así el centro de la región fronteriza del oeste.

1871
Little Raven hizo una gira por Washington, DC y habló frente a grandes auditorios.

1876
Colorado se convirtió en estado, y el teléfono fue inventado.

1889
Little Raven murió en Cantonment, Oklahoma. Se les prohíbieron a los Arapahoes hablar en su idioma, llevar a cabo ceremonias y se prohibió las danzas y fiestas.

Otras referencias

[1] Vanderwerth, W.C. *Indian Oratory: Famous Speeches by Noted Indian Chieftains*. Norman: University of Oklahoma Press, 1971, p. 142.

[2] U.S. Department of Interior, Bureau of Indian Affairs. *Annual Report of the Commissioner of Indian Affairs, 1871*. Washington, DC: Government Printing Office, 1871, pp. 32–33.

Bibliografía para el maestro sobre

Access Genealogy. *Arapaho Indian Chiefs and Leaders. "Little Raven."* http://www.accessgenealogy.com/native/tribes/Arapaho/Arapahochiefs.htm

Fowler, Loretta. *The Arapaho.* (Indians of North America series). New York: Chelsea House Publishers, 1989.

Junaluska, Arthur. "Little Raven Speech." *Great American Indian Speeches*. Caedmon, NY: Harper Audio, 1976.

Trenholm, Virginia Cole. *The Arapahoes, Our People.* Norman: University of Oklahoma Press, 1970.

Vanderwerth, W. C. *Indian Oratory: Famous Speeches by Noted Indian Chieftains*. Norman: University of Oklahoma Press, 1971.

Walker, Donald L. *Chief Little Raven of the Southern Arapahos*. Denver: University of Colorado Denver, 2000.

Bibliografía para los estudiantes

Arlington Heights School District. "The Plains." *Learn About Native Americans*. http://www.ahsd25. k12.il.us/Curriculum%20Info/NativeAmericans/ plains.html

Bial, Raymond. *The Arapaho*. New York: Benchmark Books, 2004.

Colorado Historical Society. *Colorado Indians*. http://hewit.unco.edu/dohist/indians/themes.htm

Denvergov.org. "Little Raven." *Denver Characters*. http://www.denvergov.org/AboutDenver/history_ char_raven.asp

Gibson, Karen B. *The Arapaho: Hunters of the Great Plains*. Mankato, MN: Bridgestone Books, 2003.

May, Jon D. "Little Raven." *Encyclopedia of Oklahoma History and Culture*. Oklahoma Historical Society. http://digital.library.okstate.edu/encyclopedia/ entries/L/LI015.html

Índice

Sobre esta serie

En 2008, Colorado Humanities y el Departamento de Estudios Sociales de las Escuelas Públicas de Denver (DPS) iniciaron una asociación para ofrecer el programa Young Chautauqua de Colorado Humanities en DPS y crear una serie de biografías de personajes históricos de Colorado escritas por maestros para jóvenes lectores. Al proyecto se le llamó "Writing Biographies for Young People." Filter Press se unió al esfuerzo para publicar las biografías en 2010.

Los maestros asistieron a seminarios, aprendieron de conferenciantes y autores Chautauqua de Colorado Humanities y recorrieron tres grandes bibliotecas de Denver: La Biblioteca Hart en History Colorado, el Departamento de Historia del Oeste/Genealogía de la Biblioteca Pública de Denver y la Biblioteca Blair-Caldwell de Investigaciones Afro-americanas. La meta era escribir biografías usando las mismas aptitudes que les pedimos a los estudiantes: identificar y ubicar fuentes de información de alta calidad para la investigación, documentar esas fuentes de información y seleccionar la información apropiada contenida en las fuentes de información.

Lo que tienes ahora en tus manos es la culminación de los esfuerzos de estos maestros. Con esta colección de biografías apropiadas para los jóvenes lectores, los estudiantes podrán leer e investigar por sí solos, aprender aptitudes valiosas para la investigación, y escribir a temprana edad. Mientras leen cada una de las biografías, los estudiantes obtienen conocimientos y aprecio por los esfuerzos y adversidades superadas

por la gente de nuestro pasado, el período en el que vivieron y el porqué deben ser recordados en la historia.

El conocimiento es poder. Esperamos que este conjunto de biografías ayude a que los estudiantes de Colorado se den cuenta de la emoción que se siente al aprender historia a través de las biografías.

Se puede obtener información sobre esta serie de cualquiera de estos tres socios:

Filter Press en www.FilterPressBooks.com

Colorado Humanities en www.ColoradoHumanities.org

Escuelas Públicas de Denver en http://curriculum.dpsk12.org

Reconocimientos

Colorado Humanities y las Escuelas Públicas de Denver hacen un reconocimiento a las muchas personas y organizaciones que ha contribuido para hacer realidad la serie Grandes vidas en la Historia de Colorado. Entre ellas se encuentran:

Los maestros que aceptaron el reto de escribir las biografías

Margaret Coval, Directora Ejecutiva de Colorado Humanities

Josephine Jones, Directora de Programas de Colorado Humanities

Betty Jo Brenner, Coordinadora de Programas de Colorado Humanities

Michelle Delgado, Coordinadora de Estudios Sociales para kindergarten a 5º grado, de las Escuelas Públicas de Denver

Elma Ruiz, Coordinadora de Estudios Sociales 2005-2009, para kindergarten a 5º grado, de las Escuelas Públicas de Denver

Joel' Bradley, Coordinador de Proyectos de las Escuelas Públicas de Denver

El equipo de Servicios de Traducción e Interpretación, de la Oficina de Enlaces Multiculturales de las Escuelas Públicas de Denver

Nelson Molina, Preparador/entrenador del programa de Capacitación Profesional de ELA y Persona de Enlace Escolar de las Escuelas Públicas de Denver

John Stansfield, narrador de cuentos, escritor y líder experto del Instituto para maestros

Tom Meier, autor e historiador de los Arapaho

Celinda Reynolds Kaelin, autora y experta en la cultura Ute

National Park Service, Sitio Histórico Nacional Bent's Old Fort

Daniel Blegen, autor y experto en Bent's Fort

Biblioteca de Investigaciones Afroamericanas Blair-Caldwell

Coi Drummond-Gehrig, Departamento de Historia/ Genealogía Occidental de la Biblioteca Pública de Denver

Jennifer Vega, Biblioteca Stephen H., de History Colorado

Dr. Bruce Paton, autor y experto Zebulon Pike

Dr. Tom Noel, autor e historiador de Colorado

Susan Marie Frontczak, oradora chautauqua y capacitadora de la Juventud Chautauqua

Mary Jane Bradbury, oradora chautauqua y capacitadora de la Juventud Chautauqua

Dr. James Walsh, orador chautauqua y capacitador de la Juventud Chautauqua

Richard Marold, orador chautauqua y capacitador de la Juventud Chautauqua

Doris McCraw, autora y experta en materia de Helen Hunt Jackson

Kathy Naples, oradora chautauqua y experta en materia de Doc Susie

Tim Brenner, editor

Debra Faulkner, historiadora y archivista, Hotel Brown Palace

Kathleen Esmiol, autora y oradora del Instituto de Maestros Vivian Sheldon Epstein, autora y oradora del Instituto de Maestros

Beth Kooima, diseñador gráfico, Kooima Kreations